Selbstliebe entwickeln

Wie Sie über die 5 Säulen Selbstakzeptanz, Selbstachtung, Selbstvertrauen, Selbstwertgefühl und Selbstannahme aufrichtige Selbstliebe entwickeln, um mehr Glück und Dankbarkeit zu empfinden

Merle Zimmermann

Alle Ratschläge in diesem Buch wurden sorgfältig erwogen und geprüft. Eine Garantie kann dennoch nicht übernommen werden. Eine Haftung des Autors beziehungsweise des Verlags für jegliche Personen-, Sach- und Vermögensschäden ist daher ausgeschlossen.

INHALT

Das erwartet Sie in diesem Buch

In diesem Buch erfahren Sie alle wichtigen Aspekte, wie Sie Ihrem Körper und Geist etwas Gutes tun und mit mehr Selbstliebe ein Leben voller Zufriedenheit und Harmonie führen können. Sie finden die nötigen Hilfestellungen, um überhaupt richtig in die Selbstliebe-Thematik einzusteigen.

Sehen Sie diesen Ratgeber als Begleiter für Ihren bevorstehenden Weg. Sie werden ausführlich darüber informiert, was Selbstliebe überhaupt bedeutet, weshalb es wichtig ist, sich selbst zu lieben, und welche Erfolge Sie durch mehr Selbstliebe erzielen können. Ist Selbstliebe für jeden geeignet und wann ist eigentlich der richtige Moment, damit zu beginnen? Anschließend werden Sie tiefer eintauchen und Schritt für Schritt den Weg zur Selbstliebe erlernen. Einfache Tipps und Tricks werden Ihnen den Start erleichtern. Doch wie können Sie Selbstliebe nun in den Alltag integrieren? Und was passiert, wenn die Gedanken einmal verrücktspielen und Sie das Gefühl haben, vom Weg abzuweichen? Auch darüber werden Sie aufgeklärt, sodass Sie Ihr Ziel nicht aus den Augen verlieren.

Zu viele Gedanken sind nicht immer schlecht. In diesem Ratgeber wird Ihnen jedoch erklärt, wie Sie Ihre Gedanken sortieren können. Sie bekommen praktische Übungen aufgezeigt, welche wenig Zeit beanspruchen, aber dennoch einen großen Mehrwert für Sie bringen. Müdigkeit, Antriebs- und Motivationslosigkeit – solche Zeiten sind ganz normal und gehören zu dem Prozess dazu. Sie sind ein Mensch und keine Maschine.

Doch selbst hier werden Sie erlernen, wie Sie positiv durch diese Phasen gehen können und den Mut nie verlieren. Sie werden feststellen, dass Sie durch Ihre persönliche Entwicklung nun auch anders auf manche Menschen wirken; wie und weshalb, erfahren Sie in dem dazugehörigen Abschnitt. Zum Abschluss des Ratgebers wird Ihnen noch einmal ein sehr bedeutungsvoller Satz mit auf den Weg gegeben: Selbstliebe bedeutet nicht, selbstverliebt zu sein.

Auf die Definition und Wichtigkeit wird noch einmal eingegangen und Sie werden dadurch den Ratgeber mit einem positiven Gefühl beenden.

Selbstliebe im Überblick

WAS BEDEUTET SELBSTLIEBE?

Selbstliebe hat viele verschiedene Bedeutungen. Es ist die uneingeschränkte und tiefgründige Liebe zu sich selbst. Es bedeutet, sowohl Ihre Eigenschaften als auch Ihren Körper so zu lieben, wie er ist.

Fällt es Ihnen leicht, andere Personen anzuerkennen und zu respektieren? Dann geben Sie sich auch diesen Respekt. Selbstliebe, auch Eigenliebe genannt, heißt, sich seiner Person voll und ganz anzunehmen. Sie sind sich Ihrer eigenen Stärken und Schwächen bewusst, nehmen diese an und lieben sie. Selbstliebe ist ein ehrlicher Umgang mit sich selbst und gleichzeitig ein Gefühl tiefer Verbundenheit. Stellen Sie sich Eigenliebe einmal bildlich vor, beispielsweise als wäre sie Ihr Kind. Sie verstehen Ihr Kind vielleicht nicht immer, kritisieren es, finden nicht alles gut, was es macht, Sie sind manchmal verärgert und wütend; aber dennoch werden Sie Ihr Kind immer ermutigen, immer den Rücken stärken und vor allem, uneingeschränkt und bedingungslos lieben.

Nur, wenn Sie sich selbst lieben, finden Sie heraus, was Sie wirklich im Leben brauchen. Sie lernen, worauf Sie Wert legen und was Sie glücklich macht. Sie wissen um Ihre Bedürfnisse und können dementsprechend danach handeln und Ihre Entscheidungen lenken. Der bekannte Psychoanalytiker Erich Fromm weist in seinem Text „Die Praxis der Liebe" auf Folgendes hin: „Die Fähigkeit zur Liebe hängt von unserer Fähigkeit ab, zu wachsen und eine produktive Orientierung in unserer Beziehung zur Welt und zu uns selbst zu entwickeln".

Selbstliebe bedeutet also auch, nur, wenn Sie in der Lage sind, eine gesunde Beziehung zu sich selbst zu entwickeln und sich so zu akzeptieren und zu lieben, wie Sie sind, können Sie diese Liebe an andere

Personen weitergeben. Selbstliebe ist also auch wichtig für Ihre Partnerschaft und für die Beziehung zu Ihren Mitmenschen. Mit einer gesunden Portion Liebe zu sich selbst haben Sie nicht nur Ihr Wohlbefinden in der Hand, sondern auch Ihre Unabhängigkeit. Sie kennen sich selbst und sind frei in Ihrem Sein, Sie benötigen keine Hilfe von außen, um zu Ihrem eigenen Glück zu finden.

Selbstliebe ist individuell, jeder Mensch hat andere Bedürfnisse. Selbstliebe heißt daher auch, die Bedürfnisse des anderen zu respektieren, aber auch, die eigenen Bedürfnisse zu kennen und auf diese zu achten. Die Entwicklung dazu ist nicht immer einfach. Der Weg zur Selbstliebe ist ein ständiger Prozess und auch hier gibt es Höhen und Tiefen. Betrachten Sie sich als Ihren eigenen besten Freund/beste Freundin und handeln Sie danach. Machen Sie sich Komplimente, seien Sie geduldig und zeigen Sie Verständnis. Verzeihen Sie sich eigene Fehler, seien Sie nachsichtig.

Warum sollte Sie jemand anderes respektieren, wenn Sie sich selbst nicht respektieren? Wiederholen Sie diesen Satz und fangen Sie am besten direkt damit an. Jeder Mensch möchte geliebt werden, doch diese Liebe beginnt in erster Linie mit der Liebe zu sich selbst. Sorgen Sie für sich genauso, wie Sie es für Ihre Liebsten tun würden. Selbstliebe ist der Schlüssel zu Ihrem eigenen Glück. Machen Sie Schluss mit Selbstkritik! Ein bekanntes Zitat von dem Schriftsteller Oscar Wilde lautet: „Sich selbst zu lieben, ist der Beginn einer lebenslangen Romanze". Doch was bedeutet dieses Zitat genau?

Um eine Romanze muss man sich intensiv kümmern und sie liebevoll umsorgen. Es gibt gute sowie schlechte Tage und manchmal fühlen Sie sich, als seien Sie ganz am Anfang.

Nichtsdestotrotz wird es sich lohnen, um diese Beziehung zu kämpfen. Und der Grund dafür ist ganz einfach: Weil Sie es verdient haben, eine Beziehung voller Liebe zu sich selbst zu führen. Oscar Wilde setzt in seinem Zitat die Selbstliebe also in den Vergleich mit einer Romanze, weil es auch in einer solchen Höhen und Tiefen zu bewältigen gibt und genauso ist das in der Liebe zu sich selbst. Wahre Liebe will nicht verändern, sondern sie lässt einen genau so sein, wie man ist. Bestimmt haben Sie auch schon von den vielen verwandten Begriffen gehört, welche sich jedoch im Detail voneinander unterscheiden. Da es nicht immer einfach ist, hierbei den Überblick zu behalten, bekommen Sie natürlich alles Wichtige anbei zusammengefasst:

Selbstakzeptanz

Unter Selbstakzeptanz versteht man, dass Sie sich, wie der Begriff schon sagt, selbst akzeptieren. Das bedeutet, Sie befreien sich von eigener Kritik und Vorwürfen und verurteilen sich nicht für das, was Sie tun. Die Selbstakzeptanz ist das Gegenteil von Selbstablehnung.

Jeder Mensch ist auf seine eigene Weise einzigartig und besonders. Es gibt sicherlich Merkmale oder Eigenschaften an Ihnen, welche Sie vielleicht nicht besonders gern mögen. Andere Personen lieben Sie aber genau deshalb dafür. Jedes Körpermerkmal macht Sie aus und das ist auch Ihre Stärke, Sie müssen das nur selbst erkennen.

Das heißt nicht, dass Sie alles an sich lieben müssen, aber fangen Sie damit an, es zu akzeptieren. Passen Sie auf, dass Sie Selbstakzeptanz nicht mit Resignation verwechseln. Nur, weil Sie beschließen, etwas so zu akzeptieren, wie es gerade ist, bedeutet dies nicht, dass es für immer so bleiben muss. Sie können jederzeit eine Veränderung herbeirufen, dies liegt allein in Ihrer eigenen Hand. Sind Sie zum Beispiel unzufrieden mit ein paar Kilos zu viel auf den Hüften? Sie sind aber aktuell auch nicht in der Verfassung oder haben die Energie dazu, eine Diät zu machen und Sport zu treiben?

Dann akzeptieren Sie Ihre überflüssigen Kilos, denn diese werden Sie wohl in der nächsten Zeit nicht so schnell los. Wenn Sie Ihre Meinung aber ändern und bereit sind, dagegen etwas zu unternehmen, dann können Sie das natürlich jederzeit tun. Abschließend kann man also sagen, Selbstakzeptanz bedeutet, sich selbst so zu akzeptieren, wie man ist, ganz unabhängig davon, ob sich das eine oder andere vielleicht noch verändert. Sie leben nicht in der Vergangenheit und auch nicht in der Zukunft, sondern im Hier und Jetzt, deshalb akzeptieren Sie alles an sich wie es ist, denn genauso ist es im Augenblick gut.

Selbstachtung
Sobald Sie anfangen, sich selbst zu akzeptieren, können Sie nun in den nächsten Schritt übergehen: die Selbstachtung. Das bedeutet, Sie achten nachdrücklich auf sich und Ihre Bedürfnisse. Wenn es Ihnen an Selbstachtung mangelt, fragen Sie sich

wahrscheinlich oft, was andere Personen über Sie denken oder ob Sie anderen Personen gefallen. Wenn Sie das nächste Mal in einer Situation stecken, in welcher Sie unzufrieden sind und Selbstkritik ausüben möchten, fragen Sie sich, wie Sie es für einen Ihrer guten Freunde formulieren würden. Sie würden vermutlich nicht sagen „Du siehst heute aber schrecklich aus", nein, Sie würden womöglich sagen „Hattest du heute einen anstrengenden Tag? Du siehst etwas erschöpft aus".

Was Sie daraus lernen sollen, ist, nicht so hart mit sich selbst zu sein, sondern auch auf das Verhalten sich selbst gegenüber vermehrt zu achten. Machen Sie sich keine Vorwürfe, wenn etwas mal nicht so funktioniert, wie Sie es sich wünschen. Denken Sie daran, was Sie zu einem Freund sagen würden, und genau so sollten Sie sich auch selbst begegnen.

Schauen Sie sich im Spiegel an und sagen Sie zu sich selbst „Ja, mein Tag war heute stressig", oder „Na gut, dann bin ich heute nicht perfekt gestylt". Es gibt Tage, da fühlt man sich wohl in seinem Körper und dann gibt es Tage, da möchte man sich aus seiner eigenen Haut befreien. Die perfekte Jeans von letzter Woche sieht heute stillos aus. Das gesamte

Outfit von letzter Woche sitzt heute nicht mehr.

Lassen Sie sich beruhigen, das ist normal und diese Situation kennt wohl jeder. Doch Sie dürfen die Achtung vor sich nicht verlieren. Gerade an solchen Tagen müssen Sie einfühlsam mit sich umgehen. Setzen Sie doch mehr auf Unvollkommenheit. Denken Sie sich doch in einer solchen Lage, dass Sie heute vielleicht nicht absolut perfekt sind, aber dafür echt. Es ist regelrecht anstrengend, den Drang von Perfektionismus zu verfolgen und dieser kann Sie auch daran hindern, etwas Neues auszuprobieren. Versuchen Sie, mehr Gelassenheit und spielerische Leichtigkeit in Ihren Alltag zu bringen.

Selbstvertrauen

Wie sollen Sie auf jemanden anderes vertrauen, wenn Sie nicht einmal sich selbst vertrauen? Sie müssen an Ihre Fähigkeiten, Stärken und Kräfte glauben. Dies gehört zur Basis, um Selbstliebe entwickeln zu können. Selbstvertrauen bedeutet, dass Sie Vertrauen in Ihre eigenen Fähigkeiten haben. Übergeben Sie Ihr Schicksal nicht in die Hände anderer. Vertrauen Sie auf Ihr Können. Wieso sollten Sie die Dinge, die Sie sich vornehmen, nicht schaffen? Warum sollten Sie nicht den Weg gehen können, den Sie sich wünschen? Doch, das können Sie sehr wohl! Dafür müssen Sie sich aber auch das nötige Vertrauen schenken.

Werden Sie sich darüber klar, welche Schritte Sie als Nächstes gehen möchten und richten Sie Ihren Blick nach vorn auf das Ziel. Lassen Sie sich nicht unnötig von außenstehenden Menschen etwas Negatives einreden, zum Beispiel, dass Sie etwas nicht schaffen. Niemand kann beurteilen, wie stark Sie wirklich sind. Und leider erkennen viele Menschen Ihre Stärke erst dann, wenn Sie in einer Situation stecken, wo stark zu sein die einzige Möglichkeit ist. Sie können aber nicht nur erst dann stark sein, wenn es die Situation erfordert, sondern schon dann, wenn Sie sich einfach dafür entscheiden.

Sie brauchen hierzu nicht gleich voller Übermut sprühen, doch versuchen Sie es mit Kleinigkeiten. Packen Sie eine Sache an, von der Sie sich bisher gedacht haben, das schaffen Sie vielleicht nicht. Vertrauen Sie auf Ihren Willen und versuchen Sie es. Sie werden überrascht sein, was Sie dadurch alles erreichen können und dass manche Handlungen, die Ihnen bisher Probleme bereitet haben, am Ende viel leichter zu bewältigen waren, als Sie sich das überhaupt vorstellen konnten. Hören Sie damit auf, sich schon vor Beginn eigene Grenzen in den Kopf zu setzen. Wissen Sie, worin der Unterschied zwischen Menschen mit viel Selbstvertrauen und Menschen mit wenig Selbstvertrauen liegt?

Der Grund liegt allein in einer Sache, nämlich dem Glauben an sich selbst. Bleiben Sie nicht länger passiv im Hintergrund, sondern werden Sie aktiv und ergreifen Sie die Initiative. Die Aufgabe liegt darin, die derzeitigen Grenzen in Ihrem Kopf zu überwinden. Stärken Sie Ihr Selbstvertrauen, indem Sie sich beispielsweise Ihre bisherigen Erfolge noch einmal vor Augen führen. Selbstvertrauen ist ein Weg, den Sie Schritt für Schritt gehen müssen und Sie werden sehen, dass sich auch alle kleinen Schritte am Ende summieren werden.

Selbstwertgefühl

Nachdem Sie nun die Definitionen zur Selbstakzeptanz, Selbstachtung und Selbstvertrauen erfahren haben, geht es nun weiter mit dem Selbstwertgefühl. Dieses wird aufbauend auf den vorherigen Begrifflichkeiten gestärkt. Der Weg zur Selbstliebe erfordert viele kleine Schritte, auch das Selbstwertgefühl ist darin inbegriffen. Es gibt einfache Übungen, wie

Sie Ihr Selbstwertgefühl besser wahrnehmen können. Wie geht es Ihnen gerade? Was läuft in Ihrem Leben gut? Fühlen Sie sich in Ihrer jetzigen Situation wohl? Worauf sind Sie aktuell stolz? Was haben Sie diese Woche bereits alles geschafft?

Durch einfache Fragen wie diese können Sie hinterfragen, worauf Sie aktuell Ihren Wert und Ihren Fokus legen und genauso können Sie sich noch einmal klarmachen, was Sie bereits erledigt haben. Das Selbstwertgefühl ist nur das Ergebnis davon, was Sie über sich selbst denken. Denken Sie negativ, wird Ihr Selbstwert sinken, denken Sie hingegen positiv, wird er steigen. Die Rechnung ist also einfach. Deshalb rufen Sie sich die positiven Erlebnisse noch einmal bewusst hervor.

Achten Sie jedoch auch darauf, dass Sie hier ein gesundes Mittelmaß finden. Denken Sie auch gern über alle Situation nach, welche nicht so gut gelaufen sind, aber verabschieden Sie diese auch wieder aus Ihren Gedanken und schließen Sie die Schublade anschließend. Wenn Sie nämlich an nichts anderes mehr denken, als die Dinge, die Sie super gemacht haben, kann es dazu führen, dass Sie sich in manchen Situationen überschätzen. Die goldene Mitte ist hier also genau richtig. Steigern Sie sich in die negativen Momente nicht allzu sehr hinein, sondern nehmen diese einfach nur wahr und konzentrieren Sie sich aber mehr auf die positiven Momente. So haben Sie den Überblick und können daraufhin ein gesundes Selbstwertgefühl entwickeln.

Selbstannahme

Zum Abschluss müssen Sie noch die Bedeutung der Selbstannahme kennenlernen. Diese wird oft gleichgesetzt mit Selbstakzeptanz. Hier gibt es jedoch einen signifikanten Unterschied. Während es bei der Selbstakzeptanz hauptsächlich darum geht, sich selbst mit seinen Stärken und Schwächen zu akzeptieren, geht es bei der Selbstannahme direkt ans Eingemachte.

Sie akzeptieren sich nicht nur, sondern nehmen sich auch wirklich an. Sie fangen an, alles an Ihnen anzuerkennen. Sie streben nicht länger nach Perfektion und Vollkommenheit, sondern Sie lassen sich auch mal fallen, weil Sie auf sich vertrauen. Sie wissen, dass viel mehr in Ihnen steckt und Sie lernen auch nach und nach, Ihre Gefühle zu kontrollieren und zu lenken.

Viele Menschen haben Angst vor Zufriedenheit

und Selbstliebe. Sie befürchten, wenn Sie sich selbst lieben, mit jeder Macke und Verrücktheit, dann würden Sie nur noch faul im Bett liegen und hätten keinen Antrieb für etwas Neues. Doch diese Angst müssen Sie nicht haben. Es ist nämlich sogar das Gegenteil der Fall. Wussten Sie, dass Selbstannahme eine der wichtigsten Grundlagen für Veränderungen ist? Sie haben richtig gelesen.

Wenn Sie sich unwohl fühlen, möchten Sie sich oft nur noch mehr verkriechen, weil Sie überhaupt nicht daran glauben, dass Sie Ihr Vorhaben schaffen könnten. Kennen Sie vielleicht sogar eine solche Situation? In einer solchen Phase finden Sie auch immer Ausreden, weshalb etwas gerade nicht funktioniert. Doch wenn Sie zufrieden sind und sich wohlfühlen, erschaffen Sie neue Kraft, um die bevorstehende Aufgabe mit Bravour zu erledigen.

Und es wird sogar noch besser: Bei positiven Ereignissen, wie auch beispielsweise, wenn Sie neue Energie entwickeln und einsetzen, werden Botenstoffe in unserem Gehirn freigesetzt. Wie glücklich wir uns fühlen, steuern sogar die folgenden Botenstoffe: Serotonin, Dopamin, Noradrenalin, Endorphine, Phenylethylamin und Oxytocin. Die Wirkung dieser Glückshormone beeinflusst somit unser Wohlbefinden. Sogar in Schokolade befindet sich ein kleiner Anteil von Serotonin und Phenylethylamin. Es ist zwar nicht bewiesen, ob diese geringe Menge bereits ausreicht, um unsere Gefühle zu beeinflussen, könnte aber eine mögliche Erklärung dafür sein, weshalb Schokolade viele Menschen glücklich macht. Nach der Selbstannahme folgt die Selbstliebe, worüber Sie in den nächsten Kapiteln alles Wesentliche erfahren werden.

WARUM ES SO WICHTIG IST, SICH SELBST ZU LIEBEN

Wer sich selbst nicht lieben kann, wird immer Probleme damit haben, Eigenverantwortung zu übernehmen, für seine Meinung einzustehen und Entscheidungen zu treffen. Wer keine Selbstliebe empfindet, hat eine unerfüllte Leere in seinem Inneren und kennt das Gefühl von Unzufriedenheit sehr gut. Wenn man sich selbst nicht den Respekt zeigt, den man verdient hat, kann man diesen auch nur begrenzt gegenüber anderen Personen zeigen. Nicht selten kommt es in solchen Fällen zu Mobbing oder verbalen Auseinandersetzungen. Wer jedoch mit sich selbst im Reinen ist, hat diese Reaktionen überhaupt nicht nötig. Es fällt einem leicht, seinem Gegenüber Respekt zu erweisen, ohne sich auf irgendeine Art und Weise dabei beleidigend zu äußern.

Die Selbstliebe verleiht Ihrem Leben einen signifikanten Mehrwert. Erst wenn Sie sich selbst verstehen, werden Sie auch eine ehrliche Empathie für andere Personen entwickeln können. Selbstliebe fördert also nicht nur Ihre eigene Intelligenz, sondern auch Ihre soziale Kompetenz. Wenn Sie nicht an sich selbst glauben, kann dies zu vielen Hindernissen in Ihrem Leben führen. Sie machen sich also selbst zum Opfer Ihrer Umstände.

Wenn Sie sich hingegen selbst Liebe schenken, werden Sie emotional unabhängig sein, was viele Vorteile für Sie bringen wird. Ohne Selbstliebe werden Sie womöglich immer nur an den Zielen anderer arbeiten, aber nie Ihre eigenen Ziele verfolgen, da diese Ihnen eventuell nicht einmal bekannt sind. Durch die Bindung zu Ihrem wahren Ich können Sie jedoch herausfinden, was Sie im Leben wirklich wollen und Sie können sich somit Ihre eigenen Ziele setzen und daran nachdrücklich arbeiten. Sie müssen einsehen, dass Ihr eigenes Glück nicht von anderen

Menschen abhängig ist. Sie allein sind dafür verantwortlich. Aus diesen Gründen müssen Sie sich auch selbst wichtig sein. Um Nächstenliebe geben zu können, müssen Sie bei sich anfangen. Selbstliebe beginnt immer mit der Liebe zu der eigenen Person. Sie stecken bereits voller Potenzial, nun geht es nur noch darum, dieses auch zu entfalten.

WELCHE ERFOLGE KÖNNEN SIE DAMIT ERZIELEN?

Sie fragen sich, welche Erfolgsaussichten es durch mehr Selbstliebe gibt. Nun, die Liste ist lang. Durch Selbstliebe erschaffen Sie den wichtigen Selbstwert. Das bedeutet, Sie wissen Ihren eigenen Wert zu schätzen und machen Ihr Glück nicht länger von anderen Personen abhängig.

Durch Selbstliebe wissen Sie auch ganz genau, was Sie wollen und was nicht. Dadurch können Sie entsprechende Grenzen setzen. Sie haben Ihren persönlichen, inneren Frieden gefunden und dadurch fällt es Ihnen auch leichter, nur die Dinge für Sie zuzulassen, die Ihnen auch guttun. Ebenfalls übernehmen Sie durch Selbstliebe Eigenverantwortung. Sie achten auf Ihre Gefühle, Gedanken und Taten und wissen diese auch zu reflektieren und daraus zu lernen. Sie nehmen sich selbst an, so wie Sie sind, und hören endlich damit auf, sich unnötig zu kritisieren.

Sie fangen an, Ihre Schwächen zu lieben und sehen Ihren Körper in seiner Gesamtheit. Sie sind im Einklang mit sich selbst und hören auf Ihr Herz. Auch Ihr Umfeld wird davon profitieren. Je mehr Sie sich selbst lieben, desto mehr Liebe werden Sie auch geben. Sie begegnen Ihren Mitmenschen voller Respekt, Verständnis, Liebe, Mitgefühl, Vertrauen und Nachsichtigkeit. Und auch in Ihrem Beruf können Sie positive Veränderungen erkennen.

Bekommen Sie Kritik von Ihrem Vorgesetzten? Ist Ihnen ein Fehler in Ihrer Arbeit unterlaufen? Haben Sie einen Rückschlag erlitten? Durch Selbstliebe lernen Sie, wie Sie mit solchen Situationen umgehen können und wie Sie sogar an solchen Herausforderungen wachsen können. Wie Sie sehen, gibt es also jede Menge Erfolge, die Sie durch Eigenliebe erzielen werden.

Selbstliebe lernen

IST SELBSTLIEBE FÜR JEDEN GEEIGNET?

Kurz und knapp: Ja, absolut. Selbstliebe ist für jedermann geeignet. Ganz unabhängig davon, wie alt Sie sind, welchen Beruf Sie ausüben, welche Lebenseinstellung Sie haben, welche Ziele Sie verfolgen, wo Sie herkommen, usw.

Hier gibt es keine Einschränkungen. Selbstliebe ist also für jeden geeignet, der offen und bereit dafür ist, sich persönlich weiterzuentwickeln. Der Weg zur Selbstliebe ist ein ständiger Lernprozess, welcher viel Zeit in Anspruch nimmt – die Ergebnisse daraus sind jedoch überwältigend. Wenn Sie sich also ein Leben voller Zufriedenheit und Selbstvertrauen wünschen, sind Sie hier genau richtig. Sie müssen offen für Neues sein und Veränderungen zulassen können, damit Sie einen erkennbaren Erfolg erzielen. Doch dieser Ratgeber wird Ihnen dabei helfen, den Einstieg enorm zu erleichtern. Haben Sie jetzt noch Zweifel?

Dann denken Sie bitte einmal über folgende Frage nach: Kennen Sie eine Person aus Ihrem Umfeld oder Bekanntenkreis, die etwas geschafft hat, worüber Sie so richtig überrascht waren? Haben Sie es der Person vielleicht nicht zugetraut oder diese Veränderung nicht erwartet? Nehmen Sie sich ruhig ein paar Minuten Zeit dafür und denken Sie darüber nach, Ihnen fällt bestimmt jemand ein. Dieses einfache und konkrete Beispiel soll Ihnen zeigen, dass wirklich jeder etwas in seinem Leben ändern kann, wenn man nur bereit dazu ist. Wenn also nicht auch Sie, wer dann?

Haben Sie schon einmal von der US-amerikanischen Lehrerin und Bestsellerautorin Byron Katie gehört? Falls nicht, macht das überhaupt nichts, Sie wird Ihnen aber vielleicht jetzt im Hinterkopf bleiben, denn folgendes Zitat stammt von ihr: „Es ist nicht deine Aufgabe, mich zu lieben – es ist meine." Dieser Satz soll Ihnen noch einmal näherbringen, wie wichtig das Thema Selbstliebe ist. Leider wird Selbstliebe nach wie vor noch oft mit Egoismus und Arroganz in Verbindung gebracht, es ist allerdings genau das Gegenteil von all diesen negativen Assoziationen. In der Selbstliebe finden Sie den Frieden zu sich. Kommen Sie also mit auf eine Heimreise zu sich selbst.

WANN IST DER RICHTIGE MOMENT, DAMIT ZU BEGINNEN?

Es ist tatsächlich so einfach wie es klingt, der richtige Moment ist nämlich genau jetzt. Vielleicht haben Sie in der einen oder anderen Lebenslage schon einmal gedacht, dass es den richtigen Moment nicht gibt. Doch es gibt ihn. Dies ist genau der Moment, wenn Sie sich dafür anstatt dagegen entscheiden.

Und hierbei spielt es absolut keine Rolle, in welcher Lebensphase Sie sich gerade befinden. Es ist nie zu spät, damit anzufangen. Sie haben bereits jetzt den ersten Erfolgsmoment gezeichnet, indem Sie sich für den Kauf dieses Ratgebers entschieden haben. Der Mensch ist nun einmal ein Gewohnheitstier, es fällt ihm manchmal schwer, etwas Neues anzufangen. Doch haben Sie keine Angst davor, damit zu beginnen. Sie können schon jetzt damit starten, Ihren Blickwinkel auf manche Dinge zu verändern. Spielen Sie öfter mit dem Gedanken „Was, wenn es aber funktioniert".

Zweifel zu haben, ist immer leicht, man findet oft endlose Gründe, weshalb man nichts Neues ausprobieren sollte. Doch was kann schon Schlimmes passieren? Was wäre denn das Worst-Case-Szenario? Und nun frage ich Sie aber: Was, wenn es funktioniert? Was, wenn all Ihre Zweifel unbegründet und umsonst sind?

Wagen Sie sich an Veränderungen, denn diese können auch genau das sein, was Sie gerade brauchen und wonach sich Ihr Geist und Ihr Körper sehnen. Es gibt einen sehr bedeutungsvollen Wegweiser in der englischen Sprache: You must make the CHOICE, to take the CHANCE if you want anything to CHANGE. Übersetzt bedeutet dies, dass Sie die Wahl treffen müssen, um die Möglichkeit zu nutzen, wenn Sie etwas verändern möchten. Der Spruch soll Ihnen aufzeigen, dass eine Veränderung nicht automatisch passiert, wenn Sie nur darauf warten.

Nein, Sie müssen dazu aktiv werden. Es ist Ihre Wahl und sobald Sie sich dafür entscheiden, nehmen

Sie alle Optionen an und Sie können eine Veränderung bewirken. In dem nächsten Kapitel werden Sie in anschaulichen Schritten den Weg zur Selbstliebe erlernen.

Schritt für Schritt zur Selbstliebe

TIPPS UND TRICKS FÜR DEN BEGINN

Der wohl wichtigste Tipp für den Beginn ist, sich selbst nicht unter Druck zu setzen und auch kein Zeitlimit vorzugeben. Selbstliebe zu lernen, ist kein Prozess, der von heute auf morgen funktioniert. Hier ist es wichtig, geduldig zu sein.

Es wird nicht immer alles so laufen, wie Sie es sich vorstellen oder wünschen, doch davon dürfen Sie sich nicht unterkriegen lassen. Solange Sie weiterhin an sich arbeiten, werden Sie Fortschritte erkennen und nur das zählt. Es ist nicht wichtig, wie schnell Sie Ihren Weg gehen und wie viele Schritte

Sie täglich machen, sondern wichtig ist, dass Sie Ihren Weg gehen und dass Sie Schritte machen, ganz egal, in welchem Tempo. Jeder Mensch bestimmt seine eigene Geschwindigkeit. Lassen Sie sich nicht unter Druck setzen und hören Sie auf Ihr eigenes Gefühl. Dieses wird Sie nicht täuschen.

Versuchen Sie, so viel wie möglich auf Ihren eigenen Körper zu hören, er wird Ihnen sagen, wann es genug ist und Sie Ruhe benötigen. Womit Sie auch bei dem nächsten Tipp sind: Gönnen Sie sich eine Pause. Da jeder Körper anders ist, benötigt auch jeder Körper verschiedene Ruhezeiten. Manchen Menschen reichen bereits vier Stunden Schlaf, während andere mindestens acht Stunden Schlaf benötigen. Nicht jeder Körper ist gleich und das ist auch gut so.

Fühlen Sie sich erschöpft und müde? Haben Sie Schwierigkeiten, sich zu konzentrieren und lassen Sie sich sehr leicht ablenken? Haben Sie das Gefühl, es wird Ihnen alles zu viel? Dann ist es höchste Zeit, Ihrem Körper eine Pause zu geben. Mithilfe von einfachen Tests können Sie Ihrem Körper sehr gut kennenlernen. Probieren Sie verschiedene Dinge aus. Wie viele Stunden Schlaf benötigen Sie wirklich? Welche Lebensmittel tun Ihrem Körper gut?

Arbeiten Sie vielleicht nach einem kurzen Spaziergang effektiver? Sind Sie eher ein früher Vogel oder doch eine Nachteule? Hinterfragen Sie sich selbst und führen Sie verschiedene Selbst-Tests durch.

Gern können Sie die dadurch gewonnenen Erkenntnisse schriftlich festhalten. So werden Sie schnell merken, was Ihrem Körper wirklich guttut und wie Sie sogar Ihre Leistungen durch kleine Achtsamkeiten verbessern können. Sie sollen Ihrem Körper nämlich nicht erst dann die Ruhe geben, wenn er Sie dringend benötigt und schon bildlich gesehen danach schreit, sondern im besten Fall schon davor. Je mehr Sie auf Ihren Körper achten, desto stärker wird die Bindung und Sie wissen schon bald, wann Ihr Körper was braucht.

Ein weiterer Trick ist, eine Affirmationen-Liste zu erstellen. Das klingt im ersten Moment vielleicht etwas seltsam, aber es funktioniert wirklich. Eine Affirmation dient dazu, die Gedanken umzuprogrammieren und kann auch sehr hilfreich sein, um Ihr Verhalten dauerhaft zu verändern. Hierzu können Sie sich gern bereits vorhandene Affirmationen aus dem Internet suchen. Da die Affirmationen unterbewusst in uns arbeiten, werden Sie nicht sofort einen

Effekt bemerken. Wiederholen Sie Ihre ausgewählte Affirmation täglich mehrmals und das über mehrere Wochen hinweg. Sie müssen sonst nichts weiter machen. Nehmen Sie sich nur einen kleinen Moment der Ruhe und sprechen Sie die Affirmation bewusst laut oder leise zu sich selbst.

Ihr Unterbewusstsein nimmt diese wahr und manifestiert sie nach und nach. Auch hier ist es wichtig, Geduld zu haben. Um zu dem nächsten Tipp zu springen, fragen Sie sich selbst, wofür Sie dankbar sind. Dankbarkeit bedeutet, alles Materielle und Immaterielle von Herzen anzuerkennen. Fragen Sie sich, was für Sie in Ihrem Leben wirklich von Bedeutung ist, und seien Sie dafür dankbar.

Leider sehen die meisten Personen oftmals nur die Dinge, Momente oder Situationen, die Sie selbst nicht haben. Aber sie vergessen, dass auch sie selbst Dinge, Momente oder Situationen haben, welche andere Menschen nicht haben und liebend gern hätten. Es gibt immer bessere Aussichten im Leben, aber auch schlechtere. Lernen Sie, für die ganzen kleinen Dinge im Leben dankbar zu sein und Sie werden spüren, wie glücklich Sie dadurch werden können. Sind Sie jeden Morgen dankbar, aufstehen zu dürfen?

Sind Sie dankbar, dass Sie eine warme Dusche genießen können, und wissen Sie es zu schätzen, dass Sie täglich ausreichend Nahrung zur Verfügung haben? Viele Dinge werden als selbstverständlich angesehen, obwohl sie es nicht immer sind. Überlegen Sie sich, was Sie als selbstverständlich betrachten und ändern Sie Ihre Einstellung dazu. Seien Sie dankbar dafür. Reflektieren Sie die Menschen um sich herum, Ihre materiellen Güter, Ihr Zuhause, Ihre Arbeit, alles, was Sie besitzen und lernen Sie es zu schätzen. Durch diese Dankbarkeit werden Sie auch mehr Selbstzufriedenheit feststellen.

Ein weiterer Tipp ist es, sich bewusst zu machen, was der eigene Körper täglich leistet. Ihr Körper und Ihr Geist arbeiten rund um die Uhr, selbst nachts, wenn Sie schlafen. Wir denken zwar immer, wir erholen uns im Schlaf, aber das ist nicht immer ganz richtig. Auch, wenn Ihr Bewusstsein im Schlaf ausgeschaltet ist, verarbeitet Ihr Gehirn die Erlebnisse des Tages. Ihre Verdauung und Ihr Stoffwechsel sind ebenfalls aktiv. Und der Körper leistet noch viel mehr: Gewebe wird repariert, Zellen regenerieren sich und sogar Erreger werden bekämpft. Zwischen Schlaf und Immunsystem besteht eine enge

Wechselwirkung, wie Forschungsergebnisse belegen. Nicht umsonst heißt es, dass Schlaf die beste Medizin ist. Setzen Sie die Erwartungen an Ihren eigenen Körper nicht immer allzu hoch.

Ein Tipp hierbei ist es, sich selbst so zu behandeln, wie Sie auch Ihr enges Umfeld behandeln. Raten Sie engen Freunden aus Ihrem Umfeld zu mehr Ruhe, wenn sie an Ihre Grenzen gelangen? Dann geben Sie sich selbst auch diesen Rat. Wenn Sie Ihren Mitmenschen zu mehr Pausen, mehr Selbstachtung und mehr Auszeit raten, dann vergessen Sie nie, sich selbst auch daran zu erinnern. Ihr Körper geht für Sie täglich ans Limit, bringt Höchstleistungen und ist Ihr fester Anker. Behandeln Sie ihn auch dementsprechend wie einen Schatz.

Ein weiterer Tipp ist das Schlagwort Kreativität. Kreativ zu sein heißt nicht, dass man unbedingt begabt oder mit einem Talent gesegnet sein muss, um die schönsten Kunststücke zu entwerfen. Kreativität umfasst ein sehr breit gefächertes Themenspektrum. Es bedeutet, ein Stück von sich selbst dadurch offenzulegen. Kreativität kann Ihnen dabei helfen, Ihre Wünsche und Bedürfnisse besser zu erkennen und herauszufinden, was einem Spaß macht. Die

Kreativität beginnt in Ihrem Kopf und das Ziel davon ist es, dass Sie verschiedene Möglichkeiten für sich testen und dabei herausfinden, worin Sie sich wiederfinden. Sie können ein neues Musikinstrument erlernen, gestalten Sie ein Bild, fangen Sie an, ein Buch zu schreiben oder beginnen Sie eine Sportart. Sie müssen nichts davon dauerhaft betreiben, wenn es Ihnen keine Freude bereitet. Doch Sie können dadurch verborgene Fähigkeiten entdecken und diese entfalten.

Es geht darum, dass Sie sich mit den Dingen beschäftigen, die Sie erfüllen. Im Laufe der Jahre ändern sich auch die Vorlieben eines Menschen. Was Sie vor einigen Jahren noch von sich weggeschoben haben, kann Ihnen jetzt einen Mehrwert bieten. Setzen Sie hier Ihrer Kreativität keine Grenzen und nur, wenn Sie Ihrer Idee eine Chance geben, werden Sie herausfinden, ob Sie dafür brennen oder nicht.

In dem nächsten Tipp werden Sie sich vermutlich direkt ertappt und angesprochen fühlen, denn hierbei geht es um etwas, was wirklich jeder Mensch schon mehrmals getan hat, nämlich sich zu vergleichen. Das passiert in den meisten Fällen sogar in unserem Unterbewusstsein. Wenn Sie sich regelmäßig mit anderen Personen vergleichen, ist das irgendwann eine ganz automatische Reaktion, die Ihr Kopf bzw. Ihr Gehirn auslöst. In der Wissenschaft spricht man entweder von einem Aufwärts- oder einem Abwärtsvergleich, wobei in der Regel meist Ersteres der Fall ist.

Ein Aufwärtsvergleich handelt davon, dass man sich dabei mit etwas vergleicht, was man für etwas Besseres hält oder meint, es sei einem überlegen. Dies führt schlussfolgernd dazu, dass Sie sich dadurch deprimiert und schlecht fühlen. Das genaue Gegenteil davon ist der Abwärtsvergleich. Wenn Sie sich mit jemandem vergleichen, dem es nicht so gut geht wie Ihnen, der etwa in schlechteren Verhältnissen lebt, führt es dazu, dass Sie zufrieden sind. Die eigenen Gefühle stehen also in großer Abhängigkeit dazu, welchen Vergleich Sie anwenden.

Es ist bei vielen Menschen eine tagtägliche Gewohnheit und zur Routine geworden, dass Sie sich vergleichen und selbst mit besonders kritischen Augen betrachten. Wann haben Sie sich zuletzt mit jemand anderes verglichen? Hin und wieder ist ein Vergleich völlig okay und ein solcher kann manchmal sogar sinnvoll sein, zum Beispiel, wenn Sie eine

Person für etwas bewundern und Sie daraus für sich selbst eine Energie und Motivation entwickeln können. In allen anderen Fällen sollten Sie allerdings am besten sofort damit aufhören. Doch warum vergleichen wir uns ständig? Es geht dabei klar um einen selbst. Der Blick auf andere verrät Ihnen, ob Sie die gewünschte Strandfigur schon erreicht haben oder ob Ihr Outfit aktuell im Trend liegt.

Auch Social Media ist hier eine große Gefahr. Wer hat den schönsten Milchschaum und wer den besten Avocado-Toast? Die Internetplattformen wie Facebook, Instagram oder YouTube sorgen leider tagtäglich dafür, dass sich viele Menschen in Ihrem eigenen Körper und mit sich selbst unwohl fühlen. Doch man darf dabei nie vergessen, dass all diese Bilder nur Momentaufnahmen sind und sich jeder nur von seiner besten Seite präsentieren möchte. Das ist auch verständlich und nachvollziehbar. Würden Sie eher ein Selfie frisch aus dem Bett nach dem Aufwachen posten oder eher ein Bild, auf dem Sie sich zurechtgemacht haben? Die Antwort wird klar sein. Die meisten Fotos dieser Internetstars oder Influencer haben allerdings mit dem normalen Leben sehr wenig zu tun. Verabschieden Sie sich deshalb schnell von dem Gedanken, dass bei all den Fotos ein perfektes Leben dahintersteckt und lassen Sie sich davon auf keinen Fall Ihren Selbstwert mindern.

Doch leider kann genau diese Art des Vergleichs sehr schnell zu Minderwertigkeitsgefühlen führen. Das Idealbild eines Menschen liegt jedoch immer im Auge des Betrachters. Sie müssen deshalb lernen, Ihre Vergleiche zu objektivieren. Konzentrieren Sie sich auf das, was Sie haben, anstatt auf das, was Sie nicht haben. Ebenso müssen Sie Ihre eigenen Maßstäbe entwickeln. Nur, weil etwas für andere gut ist, muss das nicht auch auf Sie zutreffen. Führen Sie sich auch vor Augen, dass ein direkter Vergleich mit anderen Menschen auch gar nicht möglich ist.

Dadurch, dass jede Person verschieden aufwächst und jeder einen persönlichen, einzigartigen Weg hinter sich hat, ist es eher so, als ob Sie Äpfel mit Birnen vergleichen.

Es ist in gewisser Art und Weise zwar sehr ähnlich, aber nicht identisch. Sich ständig zu vergleichen, ist daher schlicht und einfach nicht sinnvoll, da jeder Mensch einmalig in dieser Welt ist. Durch ein Leben mit Selbstliebe werden Sie sich auch über Ihre Stärken bewusst werden und können so nach und nach damit aufhören, sich einem Vergleich mit anderen Personen zu unterziehen.

Eine weitere Frage, die Sie sich stellen sollten, ist folgende: Wie oft haben Sie schon einmal Ja gesagt, obwohl Sie eigentlich Nein sagen wollten? Lernen Sie, Nein zu sagen. Denken Sie, dass dies manchmal gar nicht so einfach ist? Da liegen Sie auch absolut richtig. Nein zu sagen, ist eine Übungssache und es fällt Ihnen vermutlich manchmal schwer. Doch wie können Sie dies nun erlernen? Als Erstes machen Sie sich klar, dass Sie nicht auf der Stelle sofort eine Entscheidung treffen müssen. Lassen Sie sich nicht überrumpeln und geben Sie sich selbst genügend Bedenkzeit. Anstatt in einer solchen Situation direkt mit Ja zu antworten, sagen Sie, Sie werden darüber nachdenken.

Die Angst vor dem Neinsagen ist meistens die Angst davor, sein Gegenüber zu enttäuschen. Doch wissen Sie was? Die Ehrlichkeit siegt. Und wie so oft im Leben macht auch hier der Ton die Musik. Achten Sie also auf Ihre Ausdrucksweise. Verwenden Sie beispielsweise folgende Formulierungen: „Ich möchte dich nicht enttäuschen, aber das schaffe ich zeitlich gerade nicht", oder „Es tut mir leid, ich habe bereits andere Pläne". Haben Sie keine Angst vor einer negativen Reaktion und machen Sie sich auch selbst kein schlechtes Gewissen. Nein zu sagen, verschafft Ihnen mehr Zeit. Zeit, die Sie für Ihre eigenen Bedürfnisse oder natürlich anderweitig nutzen können.

Sie sind nun bereit für den nächsten Schritt: Loslassen. Ein Schritt, der für die Selbstliebe von großer Bedeutung ist. Lassen Sie los, was Sie zurückhält. Lassen Sie los, was Sie herunterzieht. Lassen Sie los, was Sie nicht brauchen. Es ist wichtig zu verstehen, dass loszulassen nicht bedeutet, aufzugeben. Ganz im Gegenteil, loszulassen bedeutet, Sie sind bereit, den Frieden in Ihrem Leben wiederzufinden. Es ist das Gefühl, verstanden zu haben, dass manche Dinge passieren, dass Sie manche Dinge nicht ändern können und Sie manche Dinge einfach akzeptieren müssen.

Loszulassen bedeutet auch, die Vergangenheit ruhen zu lassen und nach vorn zu blicken. Vielleicht haben Sie eine traumatische Erfahrung gemacht, sind enttäuscht und verletzt worden oder tragen emotionalen Ballast mit sich herum. Das Leben ist nicht immer voller Glücksmomente, es wird vor allem auch geprägt durch schlechte Zeiten. Doch Sie können sich davon befreien. Sie müssen das Erlebte nicht verleugnen oder verdrängen, es geht vielmehr darum, das Erlebte als Teil Ihrer Geschichte zu akzeptieren und gleichzeitig zu wissen, dass Sie diesen emotionalen Kampf nun bewusst beenden.

Schließen Sie die Augen, fühlen Sie sich in die Situation noch einmal hinein und achten Sie darauf, was passiert. Alle Gefühle, die da sind, sind in Ordnung. Versuchen Sie nicht, diese wegzudrücken, sondern nehmen Sie sie an und versuchen Sie, diese zu verarbeiten. Manchmal ist es nur die Angst davor, alte Gefühle wieder zuzulassen. Doch wenn man schlechte Gefühle loslässt, schafft man mehr Raum für die guten Gefühle. Es ist nicht immer einfach, loszulassen, doch es ist machbar. Seien Sie auch hier geduldig und geben Sie sich die Zeit, die Sie dafür benötigen. Und dann lassen Sie alles los.

Nachfolgend finden Sie die zehn wichtigsten Tipps und Tricks noch einmal als Übersicht zusammengefasst:

1. Setzen Sie sich nicht unter Druck.
2. Geben Sie sich Zeit und legen Sie kein Limit fest.
3. Gönnen Sie sich regelmäßige Pausen.

4. Nutzen Sie täglich Affirmationen.

5. Seien Sie dankbar für alle Kleinigkeiten.

6. Nehmen Sie bewusst wahr, was Ihr Körper tagtäglich leistet.

7. Werden Sie kreativ.

8. Hören Sie auf, sich mit anderen zu vergleichen.

9. Lernen Sie, Nein zu sagen.

10. Lassen Sie alles los, was Sie emotional belastet.

WIE SIE SELBSTLIEBE IN IHREN ALLTAG INTEGRIEREN KÖNNEN

Sie haben nun einige anschauliche Tipps und Tricks an die Hand bekommen und fragen sich jetzt aber noch, wie Sie Selbstliebe auch in Ihren Alltag integrieren können? Dann lieber keine Zeit verlieren und gleich damit starten. Selbstliebe bedeutet nicht nur, auf Ihren Geist und Körper zu achten, sondern auch, dass Sie Ihr Umfeld sehr bewusst wahrnehmen.

Hier gibt es zahlreiche Möglichkeiten, wie Sie Selbstliebe im Alltag anwenden können. Essen Sie bewusst. Doch was versteht darunter? Die Nahrungsaufnahme ist leider bei vielen Menschen kein bewusster Vorgang, sondern passiert oftmals eher nebenbei. Bewusst zu essen bedeutet, Sie hören auf die Signale Ihres Körpers, wann Sie wirklich einen Snack oder eine Mahlzeit benötigen und konzentrieren sich auch darauf. Nehmen Sie sich Zeit für ein Essen und lassen Sie nicht beispielsweise einen Film nebenbei laufen.

Telefonieren Sie auch nicht währenddessen und lassen Sie sich auch anderweitig nicht ablenken. Setzen Sie sich hin und nehmen Sie jeden Bissen bewusst wahr. Konzentrieren Sie sich auf die verschiedenen Gerüche und Geschmäcker, alle Aromen und seien Sie zeitgleich dankbar für diese Mahlzeit. Wie Sie bereits im vorherigen Kapitel gelernt haben, spielt Dankbarkeit eine sehr große Rolle auf dem Weg zur Selbstliebe. Dieses Thema wird Sie auch immer begleiten. Seien Sie dankbar für jede Kleinigkeit in Ihrem Alltag, welche Sie sonst für selbstverständlich betrachten. Selbst für die Tasse Kaffee am Morgen. Sorgen Sie dafür, dass Sie sich in Ihrem Zuhause und auch an Ihrem Arbeitsplatz wohlfühlen.

Fahren Sie gern zur Arbeit? Und kommen Sie auch gern wieder nach Hause zurück? Gestalten Sie Ihr Umfeld so, dass Sie sich darin geborgen fühlen. Selbst Kleinigkeiten können dabei schon Großes bewirken. Stellen Sie frische Blumen auf den Tisch, zünden Sie ein paar wohlriechende Kerzen an, hängen Sie ein Bild Ihrer Liebsten an die Wand, beziehen Sie Ihr Bett mit Ihrer Lieblings-Bettwäsche, versprühen Sie einen angenehmen Duft im Raum, rücken Sie Ihren Schreibtisch vor das Fenster.

Es gibt unzählige Möglichkeiten, wie Sie Ihre Umgebung mit kleinen Tricks liebevoll gestalten können, sodass es für Sie gemütlich ist. Dadurch schaffen Sie sich auch einen Ort voller Geborgenheit für anstrengende Zeiten. Vielleicht fragen Sie sich, was diese ganzen Dinge mit Selbstliebe zu tun haben, aber all diese Bemühungen werden sich auszahlen. Sie müssen für Ihr eigenes Wohlbefinden selbst sorgen. Indem Sie diese ganzen kleinen Tipps umsetzen, fühlen Sie mehr Zufriedenheit, was sich wiederum positiv auf Ihre Selbstliebe auswirkt.

Sind Sie täglich bis in die letzte Minute ausgeplant? Denken Sie, fünf Minuten Pause zwischendurch sind einfach nicht drin? Dann nehmen Sie sich diese fünf Minuten Pause ab jetzt täglich. Sie können Ihr Zeitmanagement selbst steuern und auch in stressigen Zeiten werden Sie sehen, dass Sie doch die Zeit finden, sich für fünf Minuten zur Ruhe zu setzen, wenn Sie es nur wollen. In den meisten Fällen wird der Stress nicht von außen vorgegeben, sondern Sie bereiten sich ihn selbst. Wie Sie sehen, kommt auch hier das vorherige Kapitel wieder ins Spiel mit dem Punkt „Lernen Sie, Nein zu sagen". Planen Sie Ihre Zeit täglich nun so, dass Sie diese fünf Minuten Pause nur für sich selbst einbauen. In dieser kurzen Ruhezeit schließen Sie die Augen und vergessen Sie alles rundherum für ein paar Minuten.

Gehen Sie in sich und machen Sie sich bewusst, was Sie an diesem Tag bereits alles geleistet haben und was Sie noch leisten werden. Seien Sie stolz auf sich selbst und gern dürfen Sie an dieser Stelle ein Lob für sich aussprechen. Schreiben Sie nicht nur To-do-Listen, sondern auch Done-Listen. Schenken Sie sich jeden Morgen und jeden Abend ein Lächeln im Spiegel. Sie haben nun zahlreiche Möglichkeiten, wie Sie Selbstliebe in Ihren Alltag integrieren können. Legen Sie den Fokus nicht nur immer auf andere, sondern achten Sie auch auf sich selbst. Geben Sie Ihrem eigenen Ich genügend Raum, sich zu entfalten. Jeder kleine Schritt summiert sich am Ende des Tages auf Ihrem Weg zur Selbstliebe.

GEDANKENKARUSSELL – WIE SIE IHRE GEDANKEN VERBESSERN KÖNNEN

Das Gedankenkarussell – wer kennt es nicht. Die Gedanken spielen verrückt, Sie können einfach nicht aufhören, zu denken. Sie versuchen, sich abzulenken, doch selbst das funktioniert nicht. Sie können Ihre Gedanken nicht kontrollieren. Oder etwa doch? Jede Person erlebt gute und schlechte Zeiten, geht durch Höhen und Tiefen, so spielt das Leben und das ist völlig normal. Stellen Sie sich vor, Sie hätten nur Höhen in Ihrem Leben, das wäre doch auch nichts. Denn nur durch die Tiefen lernen Sie auch wieder, die guten Zeiten zu schätzen.

Doch was können Sie nun tun, wenn Ihre Gedanken mal wieder viel zu viel sind? Als Erstes müssen Sie wissen, was sind überhaupt Gedanken? Gedanken sind elektrische Impulse, sie sind Kräfte und das Ergebnis des Gehirns in der Wechselwirkung mit seiner Umgebung und sich selbst.

Ein Mensch hat im Durchschnitt ca. 60.000 Gedanken an nur einem einzigen Tag, das sind 2.500 Gedanken in einer Stunde. Können Sie sich das vorstellen? Wir denken also nahezu ununterbrochen.

Doch wenn wir schon laufend denken, warum dann nicht gleich positiv?

Sie können Ihre Gedanken nicht immer steuern, aber Sie können lernen, wie Sie diese kontrollieren können. Tagtäglich werden wir alle mit negativen Sachverhalten konfrontiert, sei es im Radio, im Fernsehen oder im Internet. Solche Krisenzeiten darf man nicht unbeachtet lassen, dennoch wird es Ihnen guttun, wenn Sie diese negativen Schlagzeilen einmal mehr ausschalten und Ihren Fokus auf die schönen Momente im Leben richten.

Auch in Ihrem privaten Umfeld und in Ihrem Alltag gibt es negative Angelegenheiten. Doch hinterfragen Sie diese schlechten Tage doch etwas genauer. Wie viel der Zeit war tatsächlich schlecht? Hatten Sie bereits einen schlechten Morgen und hat sich der Tag genauso miserabel durchgezogen, also auch im Beruf, in Ihrer Freizeit bis hin zum Abend? Oder waren es vielleicht nur 10 bis 20 Minuten, welche nicht so gut gelaufen sind? Womöglich auch eine Stunde oder zwei?

Ändern Sie Ihre Sichtweise auf die jeweiligen Situationen und gehen Sie den schlechten Zeiten richtig auf den Grund. Nur, wenn Sie die ungemütlichen

Momente hinterfragen, werden Sie Antworten darauf finden. Reflektieren Sie Ihren Tag, das Erlebte, all Ihre Gefühle und Emotionen, die schönen und die schlechten Stunden. Und vielleicht stellen Sie am Ende fest, dass es nicht der gesamte Tag war, welcher eine Katastrophe war, sondern nur ein paar Minuten davon. Es ist Fakt, dass die meisten Sorgen, die Sie sich machen, unbegründet sind. Indem Sie sich diverse Schreckensszenarien vorstellen, stehen Sie sich selbst im Weg.

Hinterfragen Sie auch hier Ihre Gedanken, analysieren Sie die Situation und fragen Sie sich, was denn im schlimmsten Fall passieren könnte? Denken Sie nicht schon von Anfang an „Das kann ja nur schiefgehen", sondern ändern Sie Ihre Gedanken in „Das wird schon werden". Sie können diesem Gedankenkreisel entfliehen.

Wie Harvard-Wissenschaftler in einer Studie aus dem Jahre 2016 herausgefunden haben, gibt es einen Zusammenhang zwischen positivem Denken und Krebs. Hierbei wurden Daten von 70.000 Frauen über einen Zeitraum von acht Jahren analysiert. Das Ergebnis dieser Studie war, dass die Frauen, die optimistisch und positiv dem Leben entgegentraten, ein um fast 30 Prozent geringeres Risiko hatten, an einer Krankheit wie beispielsweise Krebs oder auch an einem Schlaganfall zu sterben als die Frauen mit einer generell negativen Grundeinstellung. Dieses Beispiel soll Ihnen verdeutlichen, dass die Lebenseinstellung und die Denkweise eine nachgewiesene Auswirkung auf Ihre Lebensdauer und Ihre Gesundheit haben kann.

Zusammenfassend kann man also sagen, dass es absolut sinnvoll ist, wenn Sie Ihre Zeit auch in Ihre Gedanken investieren. Verdrängen Sie die unliebsamen Gedanken nicht, sondern hinterfragen Sie diese und schließen Sie sie somit ab. Fühlen Sie sich in Ihre Gefühle hinein und lernen Sie, diese zu deuten. Mit dieser Vorgehensweise gewinnen Sie auf lange Sicht die Kontrolle über Ihre Gedanken, Gefühle und Emotionen und Sie können diese entsprechend kontrollieren und danach handeln.

Selbstliebe dauerhaft praktizieren

PRAKTISCHE ÜBUNGEN FÜR JEDEN TAG

Selbstliebe erfolgreich zu praktizieren, bedeutet, dass dies dauerhaft stattfindet und keine einmalige Sache ist. Es gibt viele hilfreiche Übungen dazu, um Ihren Weg zu unterstützen und zu erleichtern. Sie können sich an alle Übungen heran schnuppern und am Ende entscheiden, womit Sie sich wohlfühlen und welche Methode Ihnen am meisten zusagt. Versuchen Sie die Übungen mehrmals, da der Einstieg oft etwas holprig ist und es erst nach und nach richtig Spaß macht, wenn Sie herausgefunden haben, wie es richtig funktioniert. Verfolgen Sie hier den Grundsatz: Alles kann, nichts muss. Erwarten Sie nicht gleich von Beginn an, dass alles glattläuft. Einige dieser Techniken benötigen Zeit. Nehmen Sie es mit Gelassenheit und erzwingen Sie nichts. Sie werden durch achtsames Training Ihre Grenzen auf jeden Fall ausweiten können, doch auch hier ist es wichtig, auf Ihren Körper zu hören. Gehen Sie nur so weit, wie es sich für Sie richtig anfühlt. Bestimmen Sie Ihr Tempo selbst.

1. Meditationen
Sie haben sicherlich schon von Meditationen gehört. Meditationen sind leider nicht selten mit vielen Vorurteilen und Klischees behaftet. Viele Menschen haben dabei ein Bild von einer Person im Schneidersitz vor Augen, welche ein lang gezogenes „Ommm" vor sich hin summt.

Doch es steckt so viel mehr dahinter.

Meditationen gibt es seit Jahrtausenden und seit dem 20. Jahrhundert werden diese auch zunehmend in der westlichen Welt praktiziert und erforscht. Es wird unterschieden zwischen passiver Meditation (z. B. Stille- und Ruhemeditation, Achtsamkeits–

meditation, Konzentrationsmeditation, Klangmeditation oder geführte Meditation) und aktiver Meditation (z. B. Yoga, Geh-Meditation, Tantra). Es gibt mehrere tausende Studien über Meditationen und Forscher haben herausgefunden, dass diese nicht nur einen spürbaren Effekt auf Ihre Psyche haben, sondern auch bestimmte Bereiche im Gehirn wachsen lassen. Sie können durch Meditationen also tatsächlich Ihre Persönlichkeit verändern.

Als Einstieg in die Meditation bieten sich wohl am besten die geführten Meditationen an. Hier finden Sie kostenlose Versionen beispielsweise auf YouTube, Spotify sowie in verschiedenen Apps. Auch können Sie die geführten Meditationen in allen Zeitlängen finden, angefangen von nur einer Minute bis hin zu mehreren Stunden. Wählen Sie eine Meditation aus, welche Ihnen zusagt, und probieren Sie es aus. Wenn Sie ein bisschen Übung darin haben, werden Sie mit Sicherheit begeistert davon sein.

2. Dankbarkeitstagebuch

Wie es der Begriff bereits sagt, ist es sehr hilfreich, ein Tagebuch zu führen. Und zwar nicht in dem klassischen Stil, wo man nur das Erlebte des Tages niederschreibt, sondern hierbei geht es allein um die

Sachen, wofür Sie dankbar sind. Diese können verschieden Dinge sein: Personen, materielle Dinge, Gefühle und Emotionen, besondere Gesten, Beziehungen usw.

Nehmen Sie sich täglich, am besten vor dem Schlafen, ein paar Minuten Zeit und schreiben Sie 5 bis 10 Dinge auf, wofür Sie am heutigen Tage dankbar sind. Sie müssen sich dazu auch nicht extra ein solches Dankbarkeitstagebuch kaufen, es reicht völlig aus, wenn Sie sich einen Block dazu zur Hand nehmen, in welchen Sie täglich Ihre Notizen schreiben. Auch, wenn Sie anfangs öfter die gleichen Sachen niederschreiben, ist das vollkommen in Ordnung und überhaupt nicht schlimm. Übung macht bekanntlich den Meister und das trifft auch in diesem Fall zu.

Lassen Sie den Tag ganz in Ruhe Revue passieren und achten Sie auch auf die Details. Sie werden nach einigen Wochen feststellen, dass es täglich viele unterschiedliche und genügend Gründe gibt, wofür man dankbar sein kann. Gern können Sie nach einiger Zeit auch anfangen, Meilensteine der Dankbarkeit mit aufzunehmen. Das frischt Ihr Tagebuch noch einmal auf. Das Leben läuft oft sehr hektisch und unkontrolliert ab und wir nehmen uns keine Zeit dafür, den Tag selbstreflektiert abzuschließen. Es gibt jeden Tag Dinge, wofür man dankbar sein kann, selbst in den harten Zeiten. Deshalb können Sie mithilfe eines Dankbarkeitstagebuchs Ihre Gedanken und Ihren Geist in die richtige Richtung lenken. Es schärft das Bewusstsein für die schönen Dinge im Alltag. Jeder Mensch kann für sich selbst entscheiden, ob er optimistisch oder pessimistisch durch das Leben geht.

Dieses Tagebuch zu führen, ist natürlich mit ein bisschen Arbeit verbunden. Sie werden aber ganz schnell merken, dass Sie Ihre Zeit und Ihre Energie in das Richtige investieren. Sogar Studien haben erwiesen, dass es den dankbaren Menschen auf Dauer deutlich besser geht und das nicht nur psychisch, sondern auch in Bezug auf das gesamte Wohlbefinden.

Das ist doch eine vielversprechende Aussicht, meinen Sie nicht auch? Und es kommt noch besser: Das Dankbarkeitstagebuch hat zeitgleich noch eine ganz andere, großartige Auswirkung zur Folge. Dadurch, dass Sie kurz vor dem Einschlafen noch einmal auf all die schönen Momente und Erlebnisse des Tages zurückblicken, schlafen Sie automatisch mit einem positiven und befriedigenden Gefühl ein und werden somit in den Genuss eines noch erholsameren und entspannteren Schlafs kommen. Klingt das nicht absolut verlockend und fantastisch? Und falls Sie das jetzt nicht so ganz glauben, können Sie sich umso mehr freuen, denn das ist tatsächlich nicht nur eine ausgedachte Vermutung, sondern das ist eine offiziell bestätigte Erkenntnis der Glücksforscher.

3. Hörbücher / Podcasts hören

Haben Sie sich schon mal einen Podcast angehört oder kennen Sie vielleicht jemanden, der das regelmäßig macht? Dann steigen Sie jetzt auch ein in die Welt der Hörbücher. Das Praktische daran ist, dass Sie unproduktive Zeit dadurch optimal nutzen werden.

Sie können Podcasts während des Autofahrens hören, im Bus, Zug oder Flugzeug, während der Mittagspause, beim Spazierengehen, selbst bei einer Wanderung oder bei der Gartenarbeit. Nutzen Sie Ihre Zeit sinnvoll und lassen Sie sich vom positiven Effekt der Podcasts überraschen. Natürlich können Sie die Themen frei wählen, je nach Lust und Laune.

Um Selbstliebe dauerhaft zu praktizieren, gibt es auch in diesem Bereich zahlreiche Angebote. Podcasts zum Thema Selbstliebe und generell zu Persönlichkeitsentwicklungen kommen immer mehr in den Trend.

Nutzen auch Sie dieses geniale Tool, um die Selbstliebe zu intensivieren. Sie werden bestimmt ein paar Augenblicke finden, in denen Sie das Hören der Podcasts in Ihre Woche integrieren können. Es geht auch nicht darum, sich diese tagtäglich anzuhören, sondern es soll Ihnen vielmehr als Anreiz dazu dienen, wie Sie manche Situationen dadurch mehr nutzen können, beispielsweise sogar im Wartezimmer beim Arzt. Wählen Sie die Themen aus, welche Sie in dem Moment ansprechen. Benötigen Sie gerade etwas positive Energie oder brauchen Sie einen kleinen Motivationsschub? Dann nichts wie los und starten Sie gleich mit der Suche nach den für Sie passenden Audio-Inhalten. Sie werden von dem positiven Effekt überrascht sein und den Podcast mit frisch gewonnener Energie beenden. Aber Vorsicht, es besteht durchaus Suchtgefahr.

4. Atemübungen
Richtiges Atmen will tatsächlich gelernt sein. Auch,

wenn Sie vielleicht denken, hier kann man doch keine Fehler machen, da liegen Sie leider nicht ganz richtig. Falsches Atmen kann Auswirkungen auf den Körper haben, welche sich beispielsweise durch Kopfschmerzen und Konzentrationsschwäche bemerkbar machen.

Die Atmung und die Psyche stehen in einem direkten Wechselspiel zueinander. Wenn Sie zum Beispiel Atemnot haben, wird dies direkt zur Psyche weitergeleitet und mit Angst verbunden. Haben Sie schon einmal ganz genau Ihre Atmung beobachtet? Dadurch, dass das Atmen ganz automatisch passiert, schenken wir der Atmung oft keine Aufmerksamkeit. Jeder Mensch macht durchschnittlich ca. 20.000 Atemzüge pro Tag, unsere Lunge leistet hier also eine jede Menge.

Bewusstes Atmen kann uns entschleunigen und ein Gefühl der Ruhe verschaffen. Probieren Sie doch die folgende, sehr bekannte 4-6-8-Methode: Sie können diese Übung im Stehen, Sitzen oder Liegen ausüben. Schließen Sie dabei die Augen, das hilft Ihnen, sich mehr zu fokussieren. Atmen Sie nun langsam und tief durch die Nase ein und zählen dabei bis vier, halten Sie die Luft nun für sechs Sekunden an und atmen Sie schließlich durch den Mund wieder langsam aus, während Sie bis acht zählen. Wiederholen Sie diesen Vorgang weitere fünfmal. Diese Methode erfordert anfangs ein bisschen Übung und es klappt vielleicht nicht direkt auf Anhieb. Sie müssen erst den richtigen Rhythmus finden, aber wenn Sie den Dreh erst einmal raus haben, werden Sie das positive Ergebnis direkt spüren.

Wenn Sie diese Übung ausführen, versuchen Sie, für die beanspruchte Zeit ungestört und in einer ruhigen Umgebung zu sein. Sobald Sie die Atemtechnik beherrschen, können Sie diese natürlich auch zwischendurch anwenden. Für den Beginn jedoch ist es sehr empfehlenswert, wenn Sie nicht durch andere Sachen abgelenkt werden und Ihre Konzentration voll und ganz Ihrer Atmung widmen können.

Diese Übung hat sogar einen Doppel-Effekt: Sie verschaffen sich durch die langen Atemzüge nicht nur eine sofort erkennbare Entschleunigung, sondern trainieren auch gleichzeitig Ihre Lunge. Achten Sie auch auf Ihre Körperbewegungen beim Atmen. Man unterscheidet beim Einatmen die Brust- und die Bauchatmung. Die Brustatmung funktioniert durch das Zusammenspiel von Ausweiten und

Zusammenziehen des Brustkorbs. Legen Sie sich für einen kurzen Moment auf Ihren Rücken und testen Sie es selbst. Atmen Sie hierzu mehrmals fest durch die Nase ein und wieder aus und legen Sie Ihr Augenmerk auf den Brustbereich. Können Sie spüren, wie stark sich Ihr Brustkorb beim Einatmen weitet und nach vorn drückt, während er sich beim Ausatmen wieder langsam zurückzieht in die normale Position?

Wiederholen Sie dies ruhig mehrmals und beobachten Sie Ihren Körper. Probieren Sie im Anschluss gleich direkt die Bauchatmung zum Vergleich. Hier atmen Sie auch wieder durch die Nase tief ein, aber dieses Mal durch den Mund aus. Spüren Sie auch hier, wie sich Ihre Bauchdecke hebt und wieder senkt? Tiefes Durchatmen hilft Ihnen auch dabei, schnell wieder einen klaren Kopf zu bekommen. Zögern Sie nicht länger, probieren Sie es aus.

5. Frische Luft

Tägliche Frischluft hat eine sehr wertvolle Auswirkung auf den gesamten Körper. Das Immunsystem wird verbessert, Vitamin D wird getankt, die Abwehr von Krankheitserregern wird gestärkt. Doch frische Luft kann noch einiges mehr. Sie steigert das eigene

Wohlbefinden, hilft beim Abnehmen, reduziert Stress und regt die Durchblutung an. Die Natur wirkt auf uns Menschen wie Medizin. Sie finden hier auch einen Zusammenhang zur Selbstliebe. Es wird Ihnen schlicht und einfach guttun. Sie werden sich danach ausgelassener und entspannter fühlen. Die Natur bietet uns unendliche Möglichkeiten, sie zu nutzen.

Ob es nun ein Spaziergang ist oder Sie eine Sportart im Freien ausüben wollen. Die frische Luft sorgt für einen klaren Kopf und gerade, wenn Sie sich gestresst und überfordert fühlen, ist ein Ausweg in die Natur eine wundervolle Option, um für kurze Zeit abzuschalten. Kennen Sie den Begriff „Grounding"? Es bedeutet, dass Sie sich mit der Energie der Erde durch bestimmte Übungen verbinden. Die wohl einfachste Übung dazu ist es, barfuß zu gehen. Durch das Barfußlaufen geben Sie nicht nur Ihren Füßen einen Freiraum, sondern Sie helfen damit Ihrem gesamten Körper.

Es werden Bänder, Muskeln und Sehnen beansprucht, welche ansonsten nur im Ruhemodus verweilen. Sie fördern die Gesundheit der gesamten Beine und geben sogar Ihrem Rücken Halt. Und Sie trainieren damit auch noch die komplette Widerstandsfähigkeit Ihres Körpers. Ist das nicht unglaublich? Nasse, kalte Füße zum Beispiel bedeuten nicht gleich automatisch, dass man sich eine Erkältung holt. Der bekannte Priester und Naturheilkundler Sebastian Kneipp hat sogar die Wassertherapie zur Stärkung des Immunsystems erfunden und das vor bereits mehr als 100 Jahren.

Das kühle Nass wirkt bei regelmäßiger Anwendung als Heilmittel, weshalb auch viele Menschen das Wechselduschen betreiben. Es stabilisiert den Kreislauf und aktiviert den Stoffwechsel. Starten Sie doch zu Beginn mit dem einfachen Kneippen. Dazu benötigen Sie nicht einmal ein Kneippbecken, versuchen Sie es ganz einfach an einem Bach in Ihrer Nähe oder zu Hause in Ihrer Badewanne. Ihr Körper wird es Ihnen auf alle Fälle danken.

NEGATIVE PHASEN ÜBERWINDEN

Wer kennt Sie nicht – die negativen Phasen im Leben? Jeder Mensch durchlebt im Laufe der Jahre viele Krisenzeiten, diese sind unausweichlich. Vermutlich stecken sogar aktuell viele Personen aus Ihrem Bekanntenkreis in einer herausfordernden Lage, doch davon wissen Sie vielleicht gar nichts. Das liegt daran, dass man darüber oft sehr ungern spricht.

Auch heutzutage gelten viele Angelegenheiten noch als Tabuthemen. Es ist also kein Wunder, dass man gerade in solchen Zeiten ganz einfach Angst davor hat, die gegenwärtige Lebenskrise offen zu kommunizieren. Leider assoziieren viele Menschen schwierige Zeiten mit Schwäche. Das ist allerdings totaler Nonsens. Mal ehrlich: Das perfekte Leben gibt es nun einmal nicht. Und jeder, der das behauptet, erzählt Ihnen wohl ein Märchen.

Und wissen Sie was? Ein perfektes Leben wäre auf Dauer doch auch langweilig, meinen Sie nicht? In jedem Alter werden Sie vor kleine oder große Herausforderungen gestellt, die es zu überwinden gilt. Das ist normal. Das Leben kann sich täglich ändern und Sie in eine Lage bringen, mit der Sie vielleicht nicht gerechnet haben. Alle Menschen führen einen unterschiedlichen Alltag, deshalb hat auch jedermann mit unterschiedlichen Problemen zu kämpfen.

Der springende Punkt dabei ist nur, dass Sie das von außen betrachtet oft nicht auf Anhieb erkennen können. Es ist ein Schutzmechanismus, dass man seine Schwächen nicht sofort jedem anvertraut,

sondern erst einmal die Fassade stabil aufrechter-
hält. Ein Lächeln zu schenken, ist manchmal viel ein-
facher, als die wahren Gefühle zu zeigen. Und das ist
auch schon die erste wichtige Aktion, wie Sie eine
negative Phase überwinden können: Vertrauen Sie
sich jemanden an!

Ob das nun Ihr Lebenspartner ist, ein guter
Freund, ein Arbeitskollege oder sonst jemand aus Ihrem Umfeld, das ist ganz Ihnen überlassen. Entscheiden Sie, bei wem Sie sich wohlfühlen und wem Sie
sich öffnen möchten. Darüber zu sprechen, ist schon
der erste Schritt in die richtige Richtung. Trauen Sie
sich und zögern Sie nicht davor, Ihre Gefühle preis-
zugeben. Sie werden überrascht sein, was ein offe-
nes Gespräch bewirken kann. Sie fühlen sich nicht
mehr allein und Ihr Gegenüber kann Ihnen sicher
eine neue Perspektive und vielleicht sogar einen ge-
eigneten Lösungsweg für Ihre Situation aufzeigen.
Schauen Sie nach vorn und lassen Sie keine Gedanken zu, welche Ihnen nur die Energie rauben.

Es ist im Nachhinein immer einfach zu sagen,
was man doch anders hätte machen können. Doch
was geschehen ist, ist nun mal geschehen. Machen
Sie sich also keine Vorwürfe und konzentrieren Sie

sich darauf, wie es wieder bergauf gehen kann. Zusätzliche negative Gedanken sind sogenannte Energieräuber, die Sie nun wirklich nicht auch noch brauchen. Eine schlechte Phase erscheint im ersten Moment fast immer aussichtslos, doch wenn Sie sich erst einmal damit auseinandersetzen, werden Sie vielleicht feststellen, dass daraus sogar Chancen entstehen können.

Konflikte oder Krisen können Lehren für Ihr weiteres Leben sein. Sie müssen gerade in diesen Zeiten eine gewisse Art von Pflege betreiben, nämlich die Seelenpflege. Geben Sie sich selbst etwas Balsam für die Seele. Setzen Sie Ihre Erwartungen nicht zu hoch und seien Sie selbst mit den kleinen Schritten zufrieden. Das Leben verläuft nicht immer gradlinig und auch, wenn es komisch klingen mag, aber manche Menschen kommen sogar nur zur Ruhe, wenn Sie durch Hindernisse direkt dazu gedrängt werden, einmal abzuschalten.

Auch hier wird wieder deutlich, wie wichtig es ist, seinem Körper eine Pause zu geben, da man somit in einer herausfordernden Situation viel leichter einen klaren Kopf bewahren kann. Stecken Sie auf keinen Fall den Kopf in den Sand, egal, wie schwierig

Ihre Krise am Anfang auch scheinen mag. Sprechen Sie offen über Ihre Gefühle, fokussieren Sie sich auf das Positive, schrauben Sie die Erwartungen an sich selbst nach unten und geben Sie sich Zeit – Sie haben dadurch die Chance, am Ende, um einiges stärker daraus hervorzugehen, als Sie vorher waren.

Ausblick in ein Leben mit Selbstliebe

WORAUF SIE SICH FREUEN KÖNNEN

Sie haben nun alle wichtigen Informationen an die Hand bekommen, doch was bedeutet das für Ihre Zukunft? Gern erhalten Sie hier einen kleinen Ausblick in ein Leben mit Selbstliebe und worauf Sie sich freuen können. Durch das dauerhafte Praktizieren der Selbstliebe werden Sie emotional stabil sein.

Sie verspüren nicht mehr so oft das Gefühl von Wut oder Ärger, Sie sind nicht mehr so leicht verletzbar, Sie empfinden keinen Frust und fühlen sich auch in stillen Zeiten nicht einsam. Sie sind ausgeglichen. Sie werden wissen, wie Sie Probleme richtig anpacken und beheben können, Sie werden keine Angst vor Misserfolgen haben – ob beruflich oder privat. Sie glauben an Ihre Fähigkeiten, wissen, wie man Kritik annimmt und lassen sich dadurch nichts aus der Bahn werfen.

Sie erfahren mehr über sich selbst, Ihre Ziele und Sie gehen Ihren eigenen Weg, ganz in der Geschwindigkeit, wie es sich für Sie richtig anfühlt. Sie werden stärker auf Ihr Herz hören.

Sie können nicht nur anderen Personen mehr Liebe schenken, sondern können auch Fehler verzeihen und gleichzeitig mit sich selbst im Reinen bleiben. Sie behandeln sich gut, achten Sie auf Ihre Bedürfnisse, seien Sie aber alles andere als arrogant oder egoistisch. Sie werden auf Ihr geistiges und körperliches Wohl mehr Acht geben, z. B., indem Sie eine Meditation in Ihren Alltag integrieren, einen Spaziergang machen, sich gesünder ernähren oder für ausreichend Schlaf sorgen.

Wie Sie merken, gibt es mehr als genügend Entwicklungen, worauf Sie sich freuen können. Wichtig ist aber, dass Sie am Ball bleiben. Selbstliebe ist eine Persönlichkeitsentwicklung. Und wenn man eine solche Persönlichkeitsentwicklung richtig praktiziert, hört diese nie auf. Dadurch, dass Sie im Leben ständig mit verschiedenen Situationen, Gefühlen, Szenarien, Emotionen, Gedanken und Veränderungen konfrontiert werden, stehen Sie auch immer wieder vor neuen Herausforderungen. Sie wissen bereits, wie Sie all diese Phasen in Ihrem Leben nicht nur einfach irgendwie bewältigen, sondern vor allem, wie Sie daraus lernen und etwas Positives mitnehmen können.

Es wird Ihnen nach einer gewissen Zeit in den meisten Fällen sogar leicht fallen, da Sie eine gewisse Routine entwickeln. Nichtsdestotrotz ist die Selbstliebe ein höchstwahrscheinlich lebenslanger Prozess, was allerdings auch etwas Gutes ist, da es dabei um Ihr eigenes Wohlbefinden geht. Wir verbringen das gesamte Leben mit uns selbst, lohnt es sich da nicht, eine Leidenschaft für die Selbstliebe zu entwickeln? Was meinen Sie?

WIE SIE AUF ANDERE PERSONEN WIRKEN

Haben Sie sich schon öfter gefragt, wie andere Personen Sie wahrnehmen? Ob sie in Ihnen auch die Person sehen, die Sie tatsächlich sind, oder ob Sie ganz anders eingeschätzt werden? Wie Sie auf andere Personen wirken, hängt ganz von Ihrer Persönlichkeit und Ihrem Auftreten ab.

Ihre Persönlichkeitsentwicklung zur Selbstliebe ist dazu schon ein sehr großer, bedeutsamer Schritt. Dadurch strahlen Sie viele positive Eigenschaften aus, was natürlich auch außenstehenden Personen auffällt. Durch Ihre neu gewonnene Liebe zu sich selbst gehen Sie vielleicht sogar des Öfteren mit einem kleinen Lächeln auf den Lippen durch die Straßen, ohne dass Sie es selbst überhaupt bemerken.

Auch Ihre Körperhaltung ändert sich dadurch. Beobachten Sie sich ruhig selbst, ob Ihnen etwas auffällt, nur eine kleine Veränderung? Achten Sie darauf, ob Ihre Körperhaltung generell aufrechter ist. Sie ziehen womöglich auch den Kopf nicht mehr unbewusst ein oder schauen nach unten auf den Boden. Nein, im Gegenteil, Ihre Körpersprache signalisiert ganz offensichtlich, dass Sie Ihren eigenen Wert kennen und Sie strahlen ebenso inneres Wohlbefinden und Zufriedenheit aus.

Und wissen Sie auch, warum es Ihnen nun viel leichter fällt, Menschenmassen zu durchqueren und mit dem Blick nach vorn durch die Einkaufsgasse zu schlendern? Ganz genau, es liegt an Ihrer Selbstliebe. Ihre eigene Persönlichkeit hat sich dadurch verbessert. Durch die Stärke, die Sie entwickelt haben, wissen Sie, dass Sie so schnell nichts aus der Bahn werfen kann. Sie gehen positiv durch das Leben und dieses werden auch andere Menschen bemerken. Sie werden möglicherweise in einem Café oder Restaurant einige Blicke auf sich ziehen, weil man es Ihnen einfach ansieht, dass Sie glücklich sind.

Sie können sich darauf einstellen, dass Sie auch dadurch viele gute, neue Freundschaften entwickeln können. Und Sie erfahren hier auch, warum das so ist. Denken Sie zurück an Ihre Vergangenheit, worauf haben Sie zuerst geachtet, wenn Sie einen neuen Menschen kennengelernt haben? Äußeres, gemeinsame Interessen, Sympathie?

Natürlich, das ist auch alles wichtig, jedoch ist Ihnen vielleicht ein wichtiger Aspekt bisher immer entgangen: die eigentliche Persönlichkeit, die hinter der Person steckt. Es kann sein, dass Sie die Menschen jetzt auch anders betrachten. Sie wollen unbedingt hinter die Fassade blicken. Sie achten in Zukunft wahrscheinlich viel mehr auf die persönlichen Eigenschaften, die Denkweise und den Umgang mit anderen. Dadurch werden Sie schon einen ersten Eindruck erhalten, wie sich Ihr neuer Kontakt auch Ihnen gegenüber verhalten wird. Wenn Sie in die Person hineinblicken und nicht nur das Äußere wahrnehmen und beurteilen, können sich daraus die besten Freundschaften für das Leben entwickeln oder vielleicht sogar natürlich mehr.

Sie haben also durch das Erlernen und Praktizieren der Selbstliebe nicht nur den großartigen Effekt, dass Sie absolut positiv auf fremde Menschen wirken, sondern auch die Möglichkeit, neue Leute mit Ihrem wahren Selbst kennenzulernen. Ihre optimistische Art und Ihre Ausgeglichenheit sind ansteckend. Haben Sie schon einmal vom sogenannten „Gesetz der Anziehung" gehört? Damit kommen Sie jetzt auch automatisch in Berührung. Es geht darum, dass jeder Mensch durch seine Gefühle und Gedanken ständig Energien aussendet, welche wiederum auf das Umfeld entsprechend wirken. Wir erzeugen ein Resonanzfeld. Und an diesem Punkt passiert etwas ganz Erstaunliches: Jede ausgestrahlte Energie sucht sich eine Energie, welche auch wieder mit unserer Energie in Verbindung steht. Es entstehen Schwingungen und alles, was mit uns gleich schwingt, ziehen wir an.

Das bedeutet also, Gleiches zieht Gleiches an. Das Prinzip ist ganz einfach: Was Sie denken, sind Sie. Was Sie sind, strahlen Sie aus und was Sie ausstrahlen, ziehen Sie an. Das Gesetz der Resonanz ist kein Irrglaube, ganz im Gegenteil. Im Heart Math Institut wurde dieses Gesetz sogar wissenschaftlich erforscht und bewiesen, dass unser Herz ein Energiefeld von mehr als zwei Metern Durchmesser hat und somit fast 5.000 Mal stärker ist als das unseres Gehirns.

Diese Erkenntnis ist absolut erstaunlich. Schlussfolgernd heißt das, wir können durch den bewussten Umgang mit unseren Gefühlen die Außenwelt und all das, was wir in unser Leben ziehen, zum Positiven beeinflussen. Man kann nicht alles steuern und muss das Ganze schon ein wenig relativieren, dennoch ist das Potenzial der Resonanz nicht zu unterschätzen.

Worauf möchten Sie also Ihre Aufmerksamkeit richten? Sie erschaffen Ihre eigene Realität. Verabschieden Sie sich deshalb auch von dem Gedanken „Das war reiner Zufall", denn Zufälle sind nichts weiter als eine Auswirkung des eigenen Denkens.

Selbstliebe bedeutet nicht, selbstverliebt zu sein

L esen Sie diesen Satz ruhig einmal laut vor. Selbstliebe bedeutet nicht, selbstverliebt zu sein. Machen Sie sich diesen Satz bewusst. Sie haben die Bedeutung der Selbstliebe zu Beginn kennengelernt, Sie wissen nun, mit welchen täglichen Übungen Sie die Selbstliebe praktizieren können und Sie haben auch einige neue Dinge über sich selbst erfahren. Durch Ihre dazugewonnene Zufriedenheit lernt auch Ihr Umfeld eine etwas andere

Seite von Ihnen kennen. Es wird immer Menschen im Leben geben, die man bereits kennt oder denen man erst begegnet, welche positiv oder auch negativ auf einen reagieren. Wie im vorherigen Abschnitt gelernt, spiegelt Ihre Ausstrahlung die innere Persönlichkeit wider.

Personen, welche unzufrieden und unglücklich sind, nehmen Ihr zufriedenes Äußeres eventuell negativ auf und stufen Sie als selbstverliebt ein. Dies kann viele verschiedene Gründe haben. In den meisten Fällen sieht die Person etwas in Ihnen, was sie bei sich selbst gerade vermisst und auch gern hätte.

Dennoch kann es womöglich in der einen oder anderen Situation auch zu negativen Bemerkungen kommen. Doch Sie wissen, dass Sie ein gutes Herz haben.

Zeigen Sie in solchen Situationen Nächstenliebe und gehen Sie einen Schritt auf die Person zu. Machen Sie ein Kompliment, auch wenn es Ihnen anfangs sicherlich schwerfällt, aber Sie werden sehen, welch ein Wunder dies bewirken kann. Kleine Gesten sind sehr wertvoll. Und auch Sie selbst können davon profitieren. Indem Sie offen und herzlich an solche Situationen herangehen, wachsen auch Sie weiter und darauf können Sie stolz sein. Stellen Sie sich diesen Prozess bildlich gesehen wie einen Bumerang vor. Alles Gute, was Sie geben, kommt zu Ihnen zurück. Je mehr Sie sich selbst lieben und mit sich zufrieden sind, desto leichter fällt es Ihnen, auch anderen dabei zu helfen und diese Dankbarkeit werden auch Sie wieder spüren.

Das Leben besteht nicht nur aus Geben oder Nehmen. Es ist die Balance daraus. Der Beginn dazu ist jedoch die Selbstliebe.

Bleiben Sie dran und versuchen Sie, auch in negativen Zeiten das große Ganze nicht aus den Augen zu verlieren, dann sind Ihnen auf Ihrem Weg in ein langes Leben voller Zufriedenheit, Liebe und Positivität keine Grenzen gesetzt.

Herstellung und Verlag:

BoD – Books on Demand, Norderstedt

ISBN: 9783753403342

© Merle Zimmermann 2021

1. Auflage

Kontakt: Psiana eCom UG/ Berumer Str. 44/ 26844 Jemgum

Covergestaltung: Fenna Larsson

Coverfoto: depositphotos.com